É A VIDA

É A VIDA

Um documentário-ficção
de Mohamed El Khatib

Tradução Gabriel F.

Cobogó

LA VIDA

A descoberta de novos autores e novas dramaturgias é a alma do projeto artístico que estamos desenvolvendo em La Comédie de Saint-Étienne desde 2011. Defender o trabalho de autores vivos e descobrir novas peças teatrais significa construir os clássicos de amanhã. Graças ao encontro com Márcia Dias, do TEMPO_FESTIVAL, e à energia dos diferentes diretores dos festivais que compõem o *Núcleo*, nasceu a ideia de um *pleins feux* que permitirá associar oito autores franceses a oito autores brasileiros e traduzir, assim, oito peças inéditas de cada país no idioma do outro; no Brasil, publicadas pela Editora Cobogó.

Na França, o Théâtre national de la Colline (Paris) e o Festival Act Oral (Marselha) se associaram a La Comédie de Saint-Étienne para dar a conhecer oito peças brasileiras e seus autores.

Romper muros e construir pontes para o futuro: essa é a ambição deste belo projeto que se desenvolverá ao longo de dois anos.

Arnaud Meunier
Diretor artístico
La Comédie de Saint-Étienne,
Centre dramatique national

SUMÁRIO

Sobre a tradução brasileira, por Gabriel F. 9

É A VIDA 11

Agradecimentos 75

Sobre a Coleção Dramaturgia Francesa,
por Isabel Diegues 77

Intercâmbio de dramaturgias, por Márcia Dias 81

Núcleo dos Festivais Internacionais de Artes Cênicas
do Brasil: plataforma de contato entre o Brasil e o
mundo, por Núcleo dos Festivais Internacionais de
Artes Cênicas do Brasil 83

SUMARIO

Sobre a tradução brasileira

A proposta de traduzir o *C'est la vie*, de Mohamed El Khatib, me pareceu, a princípio, um desafio e uma enorme responsabilidade. Como autor, entendo a fragilidade da poesia, das ideias, das palavras frente às fronteiras dos idiomas e entendo a importância que representa o trabalho de tradução.

Antes de ser tradutor, sou autor, ator e diretor teatral. Assim como Mohamed, escrevo, dirijo e muitas vezes interpreto meus próprios textos. Trabalho, também, na versão de textos meus para o francês e o espanhol. Há mais de uma década estou imerso na atmosfera da minha própria criação.

Desde o princípio deste trabalho me senti "em casa". Identifiquei-me com a escrita de Mohamed El Khatib desde a primeira leitura, e durante semanas estive completamente imerso na atmosfera sensível e delicada de *C'est la vie*, apenas lendo e relendo sem tentar encontrar a forma de traduzi--lo, sem pensar nas palavras e sem buscar seus equivalentes em outro idioma. Apenas li e me deixei levar pela sensação provocada pela potência do texto.

Quando dei início ao trabalho de tradução, experimentei a mesma sensação que me provoca a escritura dos meus próprios textos, uma espécie de intimidade com as personagens como se elas viessem do mesmo mundo que abriga as personagens que eu crio.

Mohamed escreve a partir de um lugar muito pessoal, explora a fronteira entre realidade e ficção e constrói sua narrativa genuína de maneira simples, direta e honesta. A poesia de sua obra não está em encontrar a palavra certa, a palavra perfeita ou bonita. Pelo contrário, a palavra é apenas uma palavra, e a poesia está exatamente no entendimento de que vivemos a poesia todos os dias em nossas vidas, nos detalhes, no tédio, nos pequenos e nos grandes problemas, nas nossas confissões e desabafos, e, em particular, nesse caso, na dor dos pais que não encontram "a palavra" para descrever de maneira eficaz o sentimento provocado pela perda de um filho.

A força de *C'est la vie*, que a partir de agora podemos chamar *É a vida*, reside no entendimento da fragilidade humana frente ao uso da palavra: O que um ator deve dizer quando ele interpreta a si mesmo? Acredito que essa questão conduziu a escrita de Mohamed El Khatib, e conduziu também a minha tradução de seu texto. Seja num idioma ou em outro, como autor, como tradutor ou como personagens, vivemos a constante tentativa de encontrar as palavras.

Gabriel F.

É A VIDA

de **Mohamed El Khatib**

PERSONAGENS

FANNY

DANIEL

PRIMEIRA PARTE

*Daniel e Fanny entram,
dizem "boa noite" e cada um escolhe um lado do palco.*

— Cê prefere qual lado?
— Acho que aquele.
— Ok.

FANNY

Em 2011, eu fiquei grávida. Não foi programado, eu tinha um trabalho importante. Já que eu não podia participar do início dos ensaios e era um espetáculo sobre a infância, Mohamed me pediu pra filmar meu bebê antes dele nascer. Nessa época eu ainda não sabia se era menino ou menina. De qualquer forma, ela já ocupava muito espaço. Depois, a Joséphine nasceu.
Antes do segundo período de trabalho, no dia 7 de outubro de 2012, eu enviei o seguinte e-mail:

Hello!
Não vou poder ir aos ensaios. É muito complicado com a Joséphine, eu não tenho ninguém pra cuidar dela, e tem

várias consultas marcadas com especialistas...
Vamos saber se a Joséphine escuta bem. Talvez ela
tenha que ser operada... e nesse momento eu confesso
que estou passando por uma boa depressão.
Quando é a estreia?
Beijos

Depois, no dia 15 de novembro de 2012, três semanas antes da estreia, Mohamed insistiu pra eu continuar no projeto. Eu respondi:

Holà!
Você pode me enviar o texto? Imagino que deve ter mudado...
Pensei na sua proposta de ensaiar por Skype. Acho
complicado, mas eu gostaria de continuar... seria uma
pena não participar desse projeto... Isso não sai da minha
cabeça, mas às vezes eu penso que a gente ainda vai ter
outras ocasiões de trabalhar juntos... Fico tentada a dizer
um Basta la famiglia! *e voltar pro projeto, mas realmente*
tá supercomplicado tomar uma decisão, estou com uma
vontade louca de trabalhar, mas por outro lado eu quero
estar aqui o tempo todo com minha filha...
Eu acho difícil me comprometer com um projeto sabendo
que a qualquer momento pode surgir uma complicação e que,
sem dúvida, eu seria incapaz de fazer seja o que for em cena...
É isso. Apesar de tudo, eu adoraria continuar... enfim, me diz.
É isso, meu caro Mohamed.
Beijos
Fanny

Enfim, uma semana antes da estreia, eu tive que desistir do projeto. No dia 27 de novembro de 2012, eu escrevi:

Mohamed,
Então. Tá tudo uma merda.
A Joséphine tem uma doença metabólica rara e grave.
Eles ainda não sabem dizer o que é. Ainda têm que fazer exames.
O que tá claro é que as consequências vão ser pesadas. Ela vai ganhar uma magnífica cadeira de rodas feita sob medida, com uns arreios pra mantê-la segura.
É difícil arrancar as palavras deles, mas a gente já vê bem o que tá por vir.
Não dá pra ter muita esperança, eles mesmos não deixam a gente se iludir.
É um caso muito grave.
Eu não vou poder fazer o espetáculo.
O que a gente tá vivendo é muito injusto.
Eu me sinto destroçada. Minha vida tá fodida.
Vai ser uma merda.
Me desculpe se eu não responder.
Fanny

Quatro meses mais tarde, eu escrevi este e-mail que eu nunca enviei.
Eu achei um pouco patético e, francamente, muito teatral.
Mas hoje eu sou um pouco mais tolerante comigo mesma:

Já sabemos o nome da doença, finalmente!
Se chama Síndrome de ZELLWEGER, é muito, muito GRAVE.
Normalmente a criança morre durante o primeiro ano.
Ela tá com 6 meses.
Isso dói.

É uma coisa nas células chamada "peroxissoma" que não funciona, daí tudo se fode, tem uma química microscópica que não dá pra operar, e vai degenerando...
É muito violento isso de saber que a gente vai perdê-la.
A gente vai fazer tudo o que puder pra que a pequena vida dela seja o mais linda possível!
É isso.
Fanny

Daniel lhe propõe mudar de lado.

— Quer mudar de lado?
— Não especialmente.
— Ok.

DANIEL

Duas semanas depois da morte do Sam eu apresentava *Andrômaca*.
A peça fala da morte de uma criança.
Essa foi a coisa mais difícil da minha vida no teatro.
Eu dizia: "A criança lançada ao vazio, na manhã do último dia, não era Astíanax."
Não mesmo, ele se chamava Sam.
Isso é interpretar uma tragédia quando a vida da gente se transformou em uma.
Vocês querem teatro?

Eu também.

"Como Aquiles,
Eu conheci a ingratidão de Agamêmnon e o seu orgulho.
Como ele, eu deixei de combater.
Embarcávamos para chegar ao Epiro quando o filho de Príamo,
Heitor das armas cintilantes, tirou a vida de Pátroclo.
Assim que a notícia chega,
Aquiles,
renunciando ao futuro, pega suas armas e,
ávido de vingança,
ataca Heitor.
Então, o pai dos deuses mostra sua balança de ouro,
coloca nela as duas deusas da morte dolorosa,
a de Aquiles e a de Heitor,
então, segurando-a pelo meio, levanta-a,
e é o dia fatal de Heitor,
que, pelo peso, pende e desaparece no Hades.
Durante 11 dias,
na hora em que o amanhecer começa a brilhar no mar,
Aquiles, com sua carruagem, empunha os cavalos velozes
para arrastar pelo chão o corpo de Heitor. Depois de arras-
tá-lo três vezes seguidas em volta do túmulo de Pátroclo,
ele para e o deixa na poeira, deitado de bruços no chão.

Na noite do 12º dia, sem ninguém saber, Príamo, rei de
Troia, entra no campo grego e vai ao encontro de Aquiles
para pedir o corpo do filho.
Nos 12 dias que se seguem, os combates param para que
os troianos prestem a última homenagem ao valente Heitor.
E a batalha é retomada.
A glória de Aquiles é agora inabalável. Maravilhado com tal
esplendor, Menelau quer juntar o sangue do herói ao dos

Átridas, casando Pirro, filho de Aquiles,
com Hermíone, filha de Helena...

BLÁBLÁBLÁBLÁBLÁBLÁ

Continuando,

o filho de Aquiles dirige ao velho um olhar sombrio e diz:
'Irá ao Hades, como mensageiro, contar ao meu pai o que
ocorre aqui. Lembre-se de contar as minhas tristes proezas
e de dizer que, juro pela vida de minha mãe,
Pirro ensandeceu!'
Ao dizer isso, arrasta até os altares o velho cambaleante
que escorrega no sangue derramado do seu filho,
agarra-o pelo cabelo com a mão esquerda
e,
com a direita, erguendo a espada, lhe fere até o fundo
das entranhas.
Na manhã dessa noite sem nome, Ulisses lança do alto
das muralhas Astíanax, filho de Heitor e de Andrômaca.
Esta guerra, iniciada com o assassinato de uma criança,
terminaria com o assassinato de uma criança.
Mas, uma vez mais, os deuses mentiram.
Dez anos de guerra, uma geração transformada em poeira,
uma nação inteira dizimada não terão servido de nada.
A criança lançada ao vazio, na manhã do último dia,
não era Astíanax."

Não, porra, era o Sam.
Na peça, Andrômaca, com os olhos cheios d'água, tenta de
tudo pra salvar o filho da morte, implorando a Pirro. Eu, du-

rante a cena, penso no Sam, minha cara é inundada pela emoção, como sempre que me lembro da voz dele.

Saio de cena por ordem de Pirro e choro indo pro camarim.

Eu sempre me impressionei com as lágrimas dos atores.

Eu nunca soube chorar por encomenda.

Mas todo o trabalho desse espetáculo consistiu precisamente em não chorar.

Eu tenho que confessar que às vezes é impossível, pra mim.

Não é culpa minha, acontece sem querer. É por isso que algumas evocações de Sam são feitas por vídeo aqui, porque senão, ao vivo, eu choraria com certeza.

Pra vocês terem uma ideia, durante um ensaio, o Mohamed deixou o telefone em cima da mesa. Chegou um SMS e, não sei por quê, sem querer, eu olhei e vi que era uma mensagem da minha filha Margot. Ela dizia: *Eu espero que você tenha contratado um seguro contra danos causados por água, porque meu pai é uma inundação garantida.*

É complicada a questão do ator. O que eu posso dizer é que "interpretar a si mesmo" é uma expressão infeliz, que os ensaios não fazem de mim um personagem e que cada vez que eu assino meu contrato tenho a sensação de ganhar dinheiro com a morte do meu filho.

Fora isso, eu acho que sou bem emocionante.

Eu tenho muita, muita emoção.

Eu sou muito, muito emotivo.

Eu posso emocionar o mundo inteiro.

Meu deus, como eu sou emocionante.

E-mail projetado numa tela

quarta-feira, 1º de janeiro de 2013, às 14h14, Fanny
<fanny.catel@yahoo.fr> escreveu:

Bom dia a todos e todas,
Feliz ano-novo!
É com alegria que podemos dizer que Joséphine fez 2 anos
e, contra todas as expectativas, ela está maravilhosa!
A Garance está com 6 anos e tem uma energia incrível!
Nós, com 35 e 45 anos, também não estamos nada mal.
Beijos.
Fanny e Jean-Noël

FANNY

Foi a partir daí que as chatices começaram. Todos os dias eu
procurava informações sobre a síndrome de ZELLWEGER na
internet.

Eu esperava encontrar depoimentos, grupos ou associações
de pais. NADA.

As crianças geralmente morrem tão rápido...

Normalmente, o previsto é ir piorando, mas a Joséphine pro-
gredia e ia bem, cada vez melhor. Os médicos diziam que não
ia durar, mas durava e ninguém sabia explicar.

E um dia eu encontrei o depoimento de uma inglesa que
mandou construir uma PISCINA pro filho dela, que tinha o
mesmo problema.

Não era a piscina em si que chamava atenção no depoimento, mas o fato do filho ter 14 anos.

Aí, de repente, eu pensei: Caramba! Ela não vai morrer nunca. Joséphine, você não vai fazer isso com a gente!

Fim da primeira parte
Entreato
Os atores se reidratam.
Parece que Sam tinha indicado, entre suas últimas vontades, uma música, que vocês escutam agora e que Daniel acha um pouco ridícula.

SEGUNDA PARTE

DANIEL

Duas horas depois da notícia da morte do Sam, a casa encheu.
Rivon Krygier, rabino e amigo do Sam, pediu pra gente conversar em particular sobre o funeral. Estávamos eu, Margot e Muriel.
O Rivon perguntou quais eram nossas intenções em relação ao enterro.
Eu disse que não queria um enterro religioso, só queria dizer o *kadish* sobre a tumba do meu filho, já me bastava.
Mas Muriel e Margot, sabe-se lá por quê, queriam um enterro judaico.
Então eu me submeti às minhas mulheres. Mais uma vez.

O que a Margot e a Muriel não sabiam é que, ao se suicidar, o Sam se tornou um *fora da lei.*

Mas, pelo visto, alguns rabinos são menos ortodoxos que eu.

Minha relação com o judaísmo sempre foi, digamos, complexa.

A primeira questão surgiu no momento da circuncisão. Eu, definitivamente, nunca fui contra. Mas não sei exatamente por quê, de repente eu queria muito que meu filho fosse circuncidado. Talvez porque, como dizia meu pai, é importante que meu filho tenha o pau igual ao meu.

E feito.

Pro bar-mitzvá dele eu escrevi um texto.

Eu quero que você leia, Fanny, porque esse texto eu não consigo ler sem chorar:

FANNY

Sam, hoje você é bar-mitzvá. Eu sei como isso é importante pra você. Há alguns anos você mesmo decidiu sua relação com a Torá. Sempre sozinho na sinagoga e tendo que se esquivar das críticas anticlericais meio Terceira República da sua mãe. Eu sei tudo isso.
Não foi sempre fácil. Pais frequentemente ausentes.
Às vezes ausentes até quando presentes.
Você teve que lidar com isso. Conquistar você mesmo o seu lugar. Mas estamos aqui. Mir zaynen do.
Continue a ser o que você é. Esse garoto brilhante.
Engraçado. Extrovertido. Determinado.
Lembre-se de que Moisés era aral sfataim, *"incircunciso de lábios", mas sua palavra foi ouvida. Ou, como dizia minha*

avó Tsile: *"Se não pode passar por cima da cerca, passe por baixo ou pelo lado."* E não se esqueça do canto dos partisans judeus: *"Zog nit keyn mol, az du geyst dem letstn veg. Nunca digas que o teu caminho é o teu último caminho."*

— Você me impressiona... [*comentário de Daniel*]

Le haïm Zayt mir gezunt un shtark. Mazel Tov. *Seu pai que te ama.*

No dia 29 de janeiro de 2014, Daniel Kenigsberg postou no Facebook o seguinte comentário:

> *O meu filho Sam partiu.*
> *Ele será sepultado amanhã, às 14h15,*
> *no cemitério de Montparnasse.*
> *Nem like.*
> *Nem comentário.*
> *Digo ao mundo para que não me perguntem*
> *mais como está o Sam.*
> *Ele já não está.*
> *Para a eternidade.*

Primeiro surgiu a questão: se deveria contar à minha mãe.
Depois: como contar à minha mãe?
Ela era idosa e cardíaca. Pensei: por telefone, não.
Fiz a viagem de ida e volta a Nancy, à noite, de carro. Eu tinha a impressão de que chovia durante todo o trajeto, e que o limpador de para-brisa não bastava, mas eram meus olhos que choviam.
Quando cheguei na casa da minha mãe, pensei: eu não posso chorar.

Eu contei.

Ela me respondeu que era melhor assim: "Acredite, Sam tinha uma doença incurável, foi melhor assim."

Fim da citação.

Na verdade, não aconteceu assim.

Foi minha filha, Margot, quem fez tudo. Foi ela quem contou à minha mãe. Foi ela também quem fez o reconhecimento do corpo do irmão. Ela se encarregou de absolutamente tudo, eu fui incapaz.

E é o momento da vida quando você percebe que seus filhos são mais fortes que você.

Estou em Paris para o enterro.

Sam sempre teve um dom para o espetáculo.

Eu não sei se a gente pode dizer isso, mas foi impressionante. Quinhentas pessoas. Faltava lugar no cemitério de Montparnasse. Tinha mais gente do que no enterro do Luc Bondy. Se a gente tivesse vendido entradas, teria pagado os gastos do enterro.

Na cultura judaica normalmente o pai não carrega o ataúde, mas eu insisti em carregar.

É muito, muito pesado.

Eu avisei ao público que ia dizer o *kadish*. Quando você diz o *kadish* pro seu filho, a única coisa na qual você pensa é que ele não estará lá pra dizer o *kadish* no seu enterro.

Eu falei o texto superbem.

Claro, eu sou um ator!

E hoje eu posso dizer que, teatralmente, foi incrível.

Uma peça perfeita.

Durante o enterro eu vi alguns jovens chegando ao cemitério.
Parecia que estavam procurando alguma coisa.
Fui falar com eles, pensando que eram amigos do Sam,
E os convidei a participar da cerimônia.
Eles recusaram educadamente,
Só estavam procurando um Pokémon.

Voltando pra casa, na rua Salvador Allende, eu cruzei com uma família de chineses.
E quando uma família de turistas se priva de um de seus membros pra tirar a foto eu sempre me proponho a fotografar.
Eu não suporto que falte alguém na foto...

Eu não sei se eu te disse, Fanny,
o Jamel Debbouze, quando ele era mais jovem, foi babá do Sam.
Ele me enviou uma mensagem quando o Sam morreu:

Caro Daniel, a partir de agora temos uma ligação.
Você e eu temos um membro fantasma.
A sensação de um membro que falta e continua ligado à gente, apesar da amputação.
Eu já não tenho mão, você já não tem seu filho.
São pelo menos duas razões que me impedirão durante toda a vida de dar uma bofetada na cara dele.
Beijos.

FANNY

No primeiro Natal depois da morte de Joséphine, eu recebi um cartão da creche, com uma árvore de Natal estúpida, umas guirlandas estúpidas e um boneco de neve estúpido, mas principalmente com uma mensagem estúpida que dizia: "*Falta apenas uma árvore, mas toda a floresta se sente vazia.*" Para os fins que forem necessários, nos pareceu oportuno indicar aqui o endereço da creche em questão: *Les P'tits Loups, 14 rue Sadi-Carnot, 14200 Hérou-ville-Saint-Clair.*

ATENTADOS
Sexta-feira, 13 de novembro de 2015, às 21h30

DANIEL

Horror em Paris.
Todo mundo procurando seus filhos.
Começando pela minha mãe, que me procura.
Eu procuro a Margot.
O Sam, eu sei.

Nesse momento o que eu posso dizer, algo bem egoísta, é que eu senti uma espécie de reequilíbrio com o resto da sociedade na dor.

FANNY

Quando perdi minha filha, eu pensei que tinha sorte de ter tanto apoio.
Nesses momentos a gente pensa nas pessoas que vivem o mesmo drama que a gente, mas que estão sozinhas. O que tranquiliza é saber que não estamos completamente sós.

A gente se dá conta de que vários grandes atores perderam um filho.

John Travolta, Gérard Depardieu, Jean-Louis Trintignant, Sylvester Stallone, Samuel L. Jackson, Michel Serrault, Christian Clavier...

DANIEL

Christian Clavier... Um grande ator? Tem certeza?

FANNY

Depois vêm as associações. Os nomes são sempre longos, porque ainda não existe uma palavra pra designar os pais que perdem um filho, então as associações geralmente se chamam "associação-de-pais-que-perderam-um-filho", em uma única palavra.

É curioso que o francês tenha negligenciado esse território.

Em hebraico existe *shakoul*, "a ursa a quem tiraram a ninhada", em árabe, *takal*, "aquele que perdeu seus rebentos", mas na língua francesa não tem nada.

Estamos tentando reparar essa injustiça aos pais órfãos-ao--contrário.

Mas ainda não encontramos uma palavra

que seja forte o suficiente pra explicar o terremoto interno que atravessa a gente.

Não achamos uma palavra

Tão abrangente que cubra o sofrimento abismal da nossa vida diária e nos permita escapar dela.

Uma palavra que não seja demasiado brutal, pra não nos

separar ainda mais dos outros vivos.
Que seja suficientemente elegante e
até agradável aos ouvidos.
Enfim, a palavra exata.
Só uma palavra pra nos consolar.
Por isso a gente continua buscando.

TERCEIRA PARTE

*A esta altura da peça,
todo mundo tem consciência de que as rubricas
deixaram de ter importância.
Os atores estão entregues a si mesmos.*

FANNY

Em 2012, como eu tive que renunciar ao espetáculo que eu ia
fazer, *Sheep*, nós gravamos um monólogo a distância. No fim
das contas esse texto acabou sendo interpretado por outra
atriz, mesmo que fosse pra mim.
Por isso, agora eu vou fazer!
Devia ter uma música meio triste, meio melancólica, e eu
devia ter um microfone SM51 ou 56 ou 58...

*Tem dias em que eu quero estar triste. Triste até morrer.
Tem dias que eu não quero ser uma vencedora.*

Que eu não quero nada além de destruir tudo.
Não quero sucesso, nem ser a primeira.
Não quero acertar.
Não quero encontrar a pessoa certa.
Essa pessoa que muda tudo.
Quero que nada mude e que não aconteça nada que possa ter qualquer sucesso.
Quero chegar aos pés do pódio, chegar quando a luz se apaga.
Quero ficar abaixo da média, abaixo do nível do mar, a −7 na escala Richter.
Me dedicar a falhar em absolutamente tudo.
Zero carreira, zero vida amorosa, zero vida social.
Mas pra isso teríamos que aprender desde crianças a ter fé no fracasso.
Que nos ensinassem como ser pisados e amar a própria derrota.
Como se tornar um grande perdedor, com brio, e não simplesmente o pequeno perdedor da semana de liquidação, não.
Fazer esforço pra perder bem requer determinação.
Perder com audácia, se corromper com classe, aproveitar cada segundo da queda social. Descarrilar a pequena máquina de guerra que a gente fabrica, pra nunca mais ganhar.
Nunca mais ser programado pra vencer, mas pra viver.
E a vida não é uma jujuba de morango.
A vida não é um chiclete Trident.
Muito menos uma propaganda de sabonete líquido.

DANIEL E FANNY

ELE: Eu não sei se você percebeu, se pra você é assim também, mas desde que perdi meu filho, eu tenho a sensação de que as pessoas me evitam.

ELA: Tem certeza que já não te evitavam antes?

ELE: Por outro lado, eu tenho a sensação de poder ser muito útil. A gente pode acompanhar as pessoas que perdem um filho. Eu provei vários métodos e descobri duas ou três coisas bem eficazes, sabe? Por exemplo, o primeiro conselho que eu daria aos pais que perdem um filho é de, imediatamente, comprar vodca. Várias garrafas, pra guardar no congelador. Parece besteira, mas a gente nem imagina o poder apaziguador da vodca.

Também é importante se deixar cuidar. Se você não tem família é muito, muito, muito, muito, muito complicado. Dito de outra maneira, você tá na merda.

Outro conselho, que eu considero essencial, talvez até um pouco radical, é o de evitar fazer filhos excepcionais. Eu estou convencido de que com filhos mais-ou-menos a perda seria menos dura...

Além disso, é preciso evitar os parques, os jardins de infância, as refeições em família, as festas judaicas, as férias escolares...

Acho que eu não preciso desenhar:

perder um filho é um horror absoluto.

Mas eu asseguro

que dentro disso

existem momentos agradáveis.

Muito, muito agradáveis.

FANNY

Normalmente, a gente fecha os olhos dos mortos, mas eu insisti pra deixar os olhos dela abertos. Eu achei que seria mais fácil pra Joséphine encontrar o caminho. E apesar dela já não poder andar, eu até queria tirar ela do caixão.

DANIEL

Sabe, Fanny, talvez seja um pouco brutal, mas não existe mundo depois da morte.

Porque, 24 meses depois, eu acho que o Sam já teria enviado uma mensagem pra dizer que ele chegou.

Eu não sinto mais a angústia da volta dele.

Minha única questão é:

Será que a desesperança na vida aumenta?

O Sam,

Ele poderia ter recebido o diploma da Escola Normal Superior

Ele poderia ter aprendido a falar bretão

Ele poderia ter encontrado o amor da vida dele, ou não necessariamente o da vida dele

Ele poderia ter ido ao Rio de Janeiro

Ele poderia ter ido a outro psicanalista

Ele poderia ter me contado suas decepções amorosas

Ele poderia ter alugado o primeiro apartamento

Ele poderia ter pedido um empréstimo

Ele poderia ter ficado desempregado

Ele poderia ter sido pai e eu, avô

Ele poderia ter se tornado piloto da Germanwings – *nem é a melhor companhia aérea.*

Ele poderia ter sido feliz, mesmo que não fosse por muito tempo

Ele poderia ter feito um estudo da viabilidade da vida dele

Ele poderia ter conhecido o código novo do edifício

Ele poderia ter dito o *kadish* no meu enterro

Ele poderia ter morrido no fim da vida

FANNY

A Joséphine,
Ela poderia ter tido catapora
Ela poderia ter tido rubéola e caxumba
Ela poderia ter tido que operar apendicite
Ela poderia ter tido que tomar a vacina contra a poliomieli-
te, nossa!, eu teria adorado, e a de tétano também
Ela poderia ter feito o pré-escolar
Depois a primeira série,
a segunda série,
a terceira série, a quarta, a quinta...
e depois o ensino médio,
eu teria adorado
Ela poderia ter perdido o primeiro dente
Ela poderia ter me perguntado por que a fada do dente só
deixou um euro debaixo do travesseiro
Ela poderia ter convidado todas as colegas pro aniversário
dela lá em casa
Ela poderia ter tido a primeira menstruação
Ela poderia ter tido um primeiro amor
Ela poderia ter usado a primeira calcinha fio dental aos 12
anos. Não, aos 14...
Ela poderia ter tirado a carteira de motorista e passado no
vestibular
Ela poderia ter feito vários estudos, bem longos
E depois, quando ela tivesse 25 anos, ela poderia ter se
suicidado, como o filho do Daniel
Hahahahahahahahaha
Por essa você não esperava, né, Daniel?
Hahahahahahahahaha

DANIEL

Eu não quero te ofender e respeito totalmente a sua dor, mas você amou sua filha durante cinco anos... enquanto eu amei o meu durante 25...

Mas a gente não vai acabar assim, né?

Eu queria te dar uma coisa.
É o troféu do Sam. Ele ganhou no judô. Enfim, na verdade ele não ganhou, ele perdeu na final. Mas como era injusto e ele não parava de chorar, no caminho de volta pra casa eu comprei esse troféu pra ele.
Eu gostaria que você ficasse com ele.
Eu não sei do que exatamente você é campeã,
mas eu quero te dar esse troféu.

FIM

*Fanny Catel e Daniel Kenigsberg não virão para os aplausos.
Nem pra dizer "oi" ou dar beijos.*

Eles agradecem calorosamente a presença de todos que foram testemunhas de suas histórias ordinárias.

É A VIDA

Guia prático

Este texto foi elaborado com a cumplicidade de Fanny Catel e de Daniel Kenigsberg. Qualquer semelhança com a realidade nunca é fruto de uma coincidência, mas de um laborioso trabalho de escrita.

É A VIDA.

gênesis*

* Gênesis é o primeiro livro da Torá e, portanto, da Bíblia. Por extensão, é frequentemente o Começo e todos os conflitos que isso supõe.

assunto: É a vida
domingo, 14 de setembro de 2014, às 23h56, Mohamed
<elkhatibm@aol.com> escreveu:

Querida Fanny, querido Daniel,
Há alguns meses, falei com vocês sobre o projeto de
um espetáculo provisoriamente intitulado *A vida de
Ahmed, o Magnífico*. A ideia era reunir um conselho
administrativo com os melhores gestores do país para fazer
um espetáculo perfeitamente eficaz sobre a questão dos
migrantes. Mas o projeto não deu certo.
Agora não tenho mais vontade de trabalhar com atores.
Deixou de ter sentido pra mim; a não ser como um recurso
pontual, uma brincadeira entre amigos, ou o desvio de uma
prática que agora é estranha pra mim – ou um dia trabalhar
com o Gérard Depardieu, aí seria outra coisa.
Mas fazer teatro com atores que dizem um texto já não é
algo que me interesse, se é que alguma vez me interessou.
Há pessoas que fazem isso muito bem, e às vezes é bonito
quando uma língua emerge, quando um corpo surge... Tudo
isso pra dizer que esse espetáculo nunca será feito.
Mesmo assim, gostaria de vê-los. Já há algum tempo que
queria escrever, mas sempre pensei que o tempo seria o
mais precioso dos aliados nessa questão.

Com *Acabar em beleza,* a minha percepção do mundo em geral e do teatro em particular se modificou consideravelmente. Quando a ordem das coisas muda – a minha mãe era muito jovem pra morrer –, nos vemos confrontados com uma experiência pouco invejável. Paradoxalmente, às vezes sinto que me invejam por ter essa experiência suplementar, ser, em suma, mais velho do que todos aqueles que ainda têm mãe.

E, finalmente, vocês que perderam um filho, acho que eu os invejo um pouco por terem vivido um acontecimento que eu não conheço.

Em *À l'abri de rien,* perguntava a mim mesmo se haveria algo pior do que a morte de uma mãe. Respondia, naturalmente, "a morte de um filho". Mas sem acreditar nisso, de verdade. Era completamente teórico. E classificar as dores, fazer uma equação dos lutos, não é muito interessante. Imagino que a tristeza seja proporcional a cada relação singular e íntima. Isso me faz pensar numa outra questão, a do amor proporcional: se eu tenho três filhos, amo os três da mesma maneira. Não consigo acreditar nisso. Enfim, tenho uma série de perguntas estúpidas que às vezes faço a mim mesmo.

Por isso, gostaria de convidá-los para participar de um trabalho que não tem nada de psicanalítico, que não terá qualquer virtude apaziguadora – tenho consciência disso –, para nos encontrarmos para refletir sobre a noção suspeita de "luto". Eu não conhecia os filhos de vocês, acho que nunca cruzei com eles, ou não lembro. Gostaria que me falassem deles, do desaparecimento deles da vida de vocês. Ainda não sei muito bem no que isso pode resultar, nem mesmo se pode resultar em alguma coisa.

Talvez fiquemos por aqui.

Seja como for, podem ficar completamente tranquilos
se quiserem recusar esta tentativa, pela razão que for.

Porque o caminho provavelmente será difícil.

E duro. E não muito feliz.

Pelo menos no princípio. E provavelmente depois também.

Com amizade,

Mohamed

**segunda-feira, 15 de setembro de 2014, às 3h46, Daniel
<d.kenigsberg@orange.fr> escreveu:**

Querido Mohamed,

Li sua mensagem por volta da meia-noite. Muito depressa.

E não quis voltar a lê-la, para não estragar minha noite.

Às 3h30 estava acordado. Negociando o sono com
a rádio aos ouvidos para que me impusesse o seu
falatório e me impedisse de pensar.

Vou falar com a Muriel, vou pensar e depois falamos.

Um beijo.

**terça-feira, 16 de setembro de 2014, às 11h11, Fanny
<fanny.catel@yahoo.fr> escreveu:**

Mohamed, Daniel,

Acho que eu quero avançar, apesar da morte da Joséphine
estar ainda muito próxima e de eu atravessar, neste
momento, um período difícil: o vazio, a falta, blábláblá...
mas até o ano que vem terei percorrido um bom pedaço do

caminho – e algumas sessões com a psicóloga... Imagino, então, poder falar dessa aventura delicada de uma forma mais ou menos serena.

E, depois, acho que quero compartilhar essa história.

Falei com meu companheiro, e ele disse: "Legal..."

Acho que é a maneira dele de dizer que está muito emocionado e que está de acordo. Enfim.

Deixo um beijo aos dois, esperando talvez te encontrar, Daniel.

P.S.: Depois da morte da Joséphine, ninguém me disse "é a vida"... É uma pena, talvez tivesse me feito bem dar um murro no focinho de alguém!

quarta-feira, 17 de setembro de 2014, às 4h14, Daniel <d.kenigsberg@orange.fr> escreveu:

Bem, temos que nos ver.

Você sabe que o Sam se suicidou?

Te envio a carta que encontrei quando mexia no computador dele, depois que ele morreu.

Beijos

E ele é o autor dessa foto sem título em anexo, que eu chamo de "quadro/fora do quadro".

os protagonistas

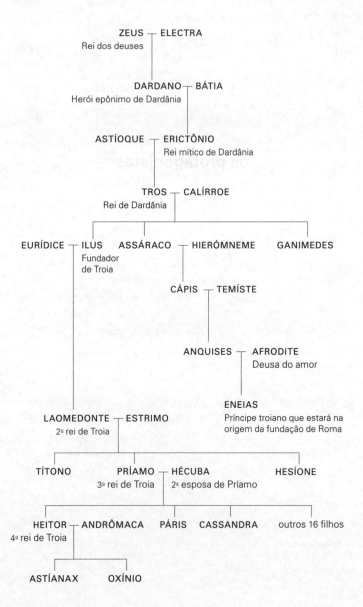

FANNY C.

Na linhagem da Fanny, podemos observar aquilo que em genealogia se chama de "falência dos pais". Do lado paterno, não há mulheres. Fanny compensou com dois pais: um pai biológico e um pai adotivo. Outro fato marcante: várias mulheres da linhagem materna apresentam, de forma sistemática, aos 55 anos, sintomas da doença de Alzheimer. Isso faz com que a Fanny diga que poderia ser um pouco constrangedor, para uma atriz, ter a doença de Alzheimer...

DANIEL K.

Ao contrário, mesmo que seja nocivo de um ponto de vista profissional para a aprendizagem dos textos, Daniel lamenta não estar exposto à mesma doença porque lembrar é o seu maior sofrimento.

Fonte: Clavier, Bruno. *Les Fantômes familiaux. Psychanalyse transgénérationnelle*. Paris: Payot, 2014.

Andrômaca

Andrômaca é uma tragédia em cinco atos, de Jean Racine, escrita em 1667. É constituída por 1.648 versos alexandrinos.

A intriga

Depois da Guerra de Troia, durante a qual Aquiles matou Heitor, a mulher deste último, Andrômaca, se vê reduzida à condição de prisioneira com o seu filho, Astíanax, por Pirro, filho de Aquiles. Pirro, que deverá se casar com Hermíone, filha do rei de Esparta, Menelau, e de Helena, se apaixona por Andrômaca.

Em geral, o argumento da peça pode ser resumido em uma frase

Orestes ama Hermíone, que ama Pirro, que ama Andrômaca, que tenta proteger o filho, Astíanax, ao mesmo tempo em que se mantém fiel à recordação do marido, Heitor, morto durante a Guerra de Troia.

As personagens principais

Andrômaca, princesa troiana, viúva de Heitor, prisioneira de Pirro, mãe de Astíanax.
Pirro, filho de Aquiles, rei de Epiro.
Orestes, filho de Agamêmnon.
Hermíone, filha de Helena, noiva de Pirro.
Fênix, governador de Aquiles, depois de Pirro (papel interpretado por Daniel Kenigsberg na época dos fatos).

N.B.: Para os mais jovens entre nós que nunca ouviram falar da Guerra de Troia, saibam que é um pouco como a Guerra do Golfo. As origens são quase idênticas, pelo menos no que diz respeito às justificativas para seu início. Era preciso se proteger contra um inimigo que ameaçava o modo de viver. Era preciso proteger os povos... Nos dois casos, há um pretexto: Helena para os gregos, as armas químicas para os americanos. Enfim, os troianos, tal como os iraquianos, não imaginavam que seus inimigos ousariam atacá-los.

Fonte: Lagarde & Michard, *XVIIe siècle*, Bordas, 1970.

morte 2.0

No dia 29 de janeiro de 2014, Daniel Kenigsberg postou no Facebook o seguinte comentário:
O meu filho Sam partiu.
Ele será sepultado amanhã, às 14h15, no cemitério de Montparnasse.
Nem like.
Nem comentário.
Digo ao mundo para que não me perguntem mais como está o Sam. Ele já não está.
Para a eternidade.

Fanny Catel não tem conta de Facebook
e não comunicou a morte da filha em nenhuma das redes sociais em voga. Não deixou, aliás, nenhuma imagem da filha para a posteridade digital.

3G
A Fanny não tem telefone celular. Não considerava sequer a hipótese de adquirir um aparelho para a filha, ainda que todas as operadoras proponham, hoje, diferentes tipos de telefone para as crianças a partir dos 5 anos.

No dia 29 de janeiro de 2017, Daniel Kenigsberg postou no Facebook o seguinte comentário:

Quando nossos filhos eram pequenos e surgia uma aflição, dávamos as mãos, os quatro, e fazíamos uma rodinha da forma mais simples do mundo, cantando uma cantiga.
Fosse onde fosse, na praça da Concórdia ou na praça de uma aldeia bretã, girávamos em roda em família.
Impúnhamos o nosso ritmo contra o ritmo do mundo.
E a aflição desaparecia. O Sam já não está na dança.
Ele nasceu no dia 4 de janeiro de 1989 e morreu no dia 28 de janeiro de 2014.
Dancem por ele.

Metodologia

Quando escrevo uma peça e tenho poucas ideias, me restam três opções possíveis:

1. Tento me lembrar de quando conheci os atores e ver se isso pode se transformar em material para o espetáculo.

Já não me lembro como conheci a Fanny.

Por outro lado, no caso do Daniel, é bastante claro. Ele tinha assistido ao meu último espetáculo, *Acabar em beleza*, texto sobre a morte da minha mãe, em Marselha.

Depois do espetáculo, veio falar comigo e me perguntou:

— Sabe por que os judeus são contra o casamento igualitário?

— Não.

— Consegue se imaginar com duas mães judias?

2. Digito o assunto em questão num bom site de busca, esperando encontrar um elemento estimulante para a escrita do texto.

S.A.C.

Kenigsberg
contrato: 25173758
sinistro: 12/06/2014
ref.: 201301298

Exma. Senhora,
O meu filho Sam morreu no dia 28 de janeiro de 2014.
Pintar a parte afetada da cozinha me obrigaria a retirar da
parede as fotos de infância e de vida do meu filho, o que,
por enquanto, é um ato de violência que eu não posso
considerar. Renuncio, então, à indenização diferida de
1.450 euros, cujo depósito se propuseram a fazer após
a apresentação da nota fiscal da obra concluída.
Daniel Kenigsberg

Exmo. Senhor,
Venho por meio deste lhe apresentar minhas desculpas
pela carta enviada e meus sinceros pêsames pela morte do
seu filho.
Infelizmente terei, então, de dar por concluído o processo.
Cordialmente,
Aurélie Parmentier
Serviço de Indenizações

Bom dia,
Não tem que se desculpar, está apenas agindo em conformidade com o procedimento previsto.
Nem sempre podemos imaginar as tragédias que podem existir por trás de danos causados por água.
D.K.

FANNY

Quando os mortos são crianças, raramente se escolhe a cremação, porque é de uma violência simbólica monstruosa.
O problema é que isso nos obriga a comprar um caixão.
O meu companheiro começou a procurar no Mercado Livre.
Tentei lhe dizer que um caixão usado talvez não fosse muito delicado. Ele me disse que a crise econômica alterava profundamente sua delicadeza.

Intertextualidade

No Natal que se seguiu ao falecimento da Joséphine, Fanny recebeu da creche um cartão-postal de boas-festas com uma árvore de Natal estúpida, guirlandas estúpidas e um boneco de neve estúpido, mas sobretudo com uma mensagem estúpida que dizia: "Falta apenas uma árvore, mas toda a floresta se sente vazia."
Para os fins que forem necessários, nos pareceu oportuno indicar aqui o endereço da creche em questão: *Les P'tits loups, 14 rue Sadi-Carnot, 14200 Hérouville-Saint-Clair.*

* O *fact-checking*, literalmente "verificação dos fatos", consiste em verificar a conformidade da narrativa com o real. Cada frase passa pelo crivo da realidade dos fatos, tal como é defendida pelos principais protagonistas, permitindo, assim, desmascarar o autor quanto aos pequenos arranjos que cria sorrateiramente sobre a verdade.

Fanny aceitou os meus ajustes à realidade – só assinalou algumas datas erradas e me fez uma observação sobre o e-mail do dia 1º de janeiro de 2014 (Você escreveu: "Foi a partir daí que as chatices começaram." Superfalso. As chatices começaram muito antes. Quase em seguida ao nascimento da Joséphine...)

Já o Daniel Kenigsberg fez questão de destacar metodicamente várias incoerências:

Manipulação do destino: Realmente, eu apresentei *Andrômaca*, mas não duas semanas após a morte do meu filho. Foi um mês depois. Imagino que a tentação de dar uma dimensão espetacular e de fazer coincidir a ironia do destino prevaleceu sobre a realidade objetiva da minha atualidade teatral.

Retificação ideológica: O autor dá a entender que a minha relação com o judaísmo é ambígua. Faço questão de assinalar que tenho uma imensa cultura judaica, amálgama de história e mitologias. No entanto, sou indiferente a qualquer pensamento mágico. Aproveito, também, para dizer que o Sam era licenciado em iídiche.

Contenda médico-religiosa: Sobre a circuncisão, o autor, simplificando ao máximo, dá a entender que a minha concepção da circuncisão se resume a que pai e filho tenham o pau idêntico. É muito mais grave, já que se trata de transformar uma violência, um ato bárbaro, num gesto simbólico, uma marca de pai para pai, um anel que protege. É evidente que isso, definitivamente, não salvou meu filho.

Precaução de uso monetário: Foi a minha filha Margot quem fez tudo, foi ela quem reconheceu o corpo, foi ela quem geriu o funeral e toda a organização funerária, eu só assinei o cheque.

Divergência numérica: O autor assinala que havia mais gente no funeral do Sam do que no do Luc Bondy. Não disponho de fontes fiáveis para creditar essa informação.

Desacordo fatal: O autor afirma que o Sam teria feito referência a uma música nas suas últimas vontades. De maneira nenhuma. Não deixou nada. Eu só encontrei uma vaga carta de despedida enquanto mexia meticulosamente no computador dele. Para mim, essa asserção é dificilmente aceitável. Fazer acreditar numa ordem, quando se trata de raiva suicida. É assim que o *kadish*, que o meu filho não dirá na minha sepultura, marca uma ruptura na "ordem das coisas".

Nota para uso pessoal: A morte de um filho, mesmo quando a gente finge que a vida continua, nos liberta de todo o verniz social. Constatei, igualmente, o desenvolvimento de uma radicalidade lúcida e de uma singular fineza da sensibilidade, principalmente na relação com a arte.

Erro de apreciação: Pode-se ler que eu gostaria de poder acompanhar as pessoas que perdem um filho. De modo algum. Não tenho a mínima vontade. Não teríamos grande coisa a dizer uns aos outros. Com alguém que perdeu um filho, é como entre dois deportados, não é preciso falar. Sabemos.

Name-dropping: O autor faz menção a uma carta escrita por Jamel Debbouze. É certo que o meu filho era fã do Jamel, mas ele nunca foi babá do meu filho. Além disso, o tom VIP desta informação parece deslocado, ainda que eu perceba toda a sua eficácia espetacular. Da mesma forma, até onde sei, o Christian Clavier não perdeu nenhum filho. Por outro lado, soube que o Jean-Louis Trintignant perdeu dois.

Precisão de ordem médica: É dito que eu comprei vodca. A minha necessidade de exatidão me leva a sublinhar que não somente é verdade, mas que sobretudo bebemos muita.

Desacordo histórico eventual: No que diz respeito ao suicídio dos judeus, devo precisar que temos a sorte de frequentar um rabino esclarecido na pessoa de Rivon Krygier. De fato, o Talmude condena formalmente o suicídio e proíbe até o luto pelos suicidas. (Aliás, o autor, de cultura muçulmana, poderia ter precisado que, no islã, o Corão afirma que o suicídio é bem pior do que um assassinato.) Esta condenação repousa na interpretação do Livro de Gênesis (9:5): "'*Mas eu pedirei contas do sangue de cada um de vós.*' Se matar só era aceito em casos extremos, como, por exemplo, para evitar a apostasia ou a tortura. Como punição, se recusava severamente um enterro normal. Os comentadores judeus modernos pensam que tal dureza no tratamento do suicídio era em parte devida à influência negativa do cristianismo nessa questão." Citação aproximada extraída de "The Jewish Attitude Toward Suicide", in Ch. W. Reines, *Judaism*, vol. 10, n. 2, 1961, p.170. É verdade que, hoje em dia, os judeus já não recusam fazer o enterro religioso dos suicidas, que são considerados mortos por doença...

Excrescência mitológica: Na sequência dos atentados de 13 de novembro, devo confessar que imaginei o Sam morrendo na esplanada do La Belle *Équipe*, tentando proteger com o corpo uma jovem muçulmana. Mas não é a realidade.

tratado do ator

segunda-feira, 13 de março de 2017, às 14h14,
Fanny <fanny.catel@yahoo.fr> escreveu a Catherine
Catel <catherine_catel@wanadoo.fr>:

Mãe,
Não tenho certeza de querer que você veja este
espetáculo, se é que podemos chamar isso de espetáculo,
é um pouco especial, sabe, porque não atuamos de
verdade, ou melhor, sim, atuamos, mas quando a gente
atua a própria vida, acaba sobreatuando a própria vida,
porque viver a vida já é complicado, reviver em público,
então, me deixa meio atordoada, já não sei se disse
sim a esta proposta pensando em negar ou se disse
não aceitando, porque, no fundo, pensei que tinha sido
escolhida também pelas minhas qualidades de atriz,
porque, você sabe, eu trabalhei com grandes diretores,
e você lembra, mãe, que eu atuei na Cour d'honneur, em
Avignon, mas, aqui, eu me dou conta de que as minhas
qualidades de atriz não servem pra nada, e que a minha
principal qualidade nesse projeto é ter perdido minha filha,
o meu ego de atriz estava relativamente estabilizado, ainda
assim, isso me assusta muito, então, eu tento me consolar
dizendo pra mim mesma que nem todas as atrizes que

perderam um filho fariam isso tão bem como eu, não o fato de perder um filho, em relação a isso a gente vai levando como pode, mas pra levar essa palavra à cena é preciso talento, e não digo isso pra me gabar, seria indecente, mas pra te dizer, mãe, que não quero muito que você me veja neste estado, nesta peça, volta quando eu fizer uma peça de teatro, quando eu fizer, por exemplo, um Tchékhov ou mesmo um Molière, mas agora, não, por favor.

Um beijo

f

tratado do autor

assunto: Certidão de autoridade?
sexta-feira, 30 de dezembro de 2016, às 23h46, Daniel
<d.kenigsberg@orange.fr> escreveu:

Querido Mohamed,
Você é o autor deste espetáculo: pelo conceito, pela
encenação, pelos textos, pela montagem daquilo que eu
e a Fanny testemunhamos. Mas também pela escolha do
material (textual e oral) que eu apresentei e você usou ou
ao qual você reagiu.
As palavras que eu escrevi constituem a experiência
de escrita mais forte da minha vida, no compromisso
vital que elas transportam.
Neste espetáculo, com a Fanny, não somos apenas
intérpretes, como também não somos o objeto ou o
assunto de um documentário. Além disso, também
não se trata de uma criação coletiva.
Mas, então, o que é que nós fazemos, exatamente?
Não colocar as questões que estou colocando nos
reduziria a isto.
A questão do ego, aqui, se existe, se situa num patamar
mais baixo. Estou, infelizmente, em outro lugar.
Por isso, gostaria de ser associado à declaração de direitos
autorais do espetáculo. Não vou discutir a porcentagem,

não se trata de uma questão financeira, mas eu preciso que essa questão passe por um ato oficial: a repartição dos direitos etc., para não me sentir utilizado ou roubado.

Sem esse protocolo, acho que me sentiria pouco à vontade. Não te critico por você não ter falado disso, acredito que não pensa nesse tipo de problema. Essas questões são inerentes à forma e à singularidade do seu trabalho. Falamos disso depois, ou não falamos, eu falo.

Um beijo,

D.

assunto: Re: Certidão de autoridade?
domingo, 1º de janeiro de 2017, às 13h57, Mohamed <elkhatibm@aol.com> escreveu:

Querido Daniel,

É um assunto inerente à natureza do processo de trabalho e da minha escrita para os projetos que conduzi nos últimos anos. A minha prática tem a ver com a ficção documental, ou com a ficção documentada pelos encontros que vou fazendo. Efetivamente, vocês não são apenas intérpretes, vocês são as primeiras testemunhas indispensáveis.

Quem é o proprietário dessa obra? Quem é o autor?

Na dúvida, consultei o dicionário, e em "Autor" é dito:

- *Pessoa que está na origem de algo novo, que é o criador, que o concebeu e realizou.*
- *Pessoa que faz da escrita a sua profissão, homem ou mulher de letras.*
- *Pessoa que cometeu uma infração, ou uma tentativa de infração, executando atos materiais que a revelam.*

Tenho a impressão de me identificar. Hoje em dia, as formas de colaboração coletiva permitem alargar a noção de autor, tornando cada participante produtor potencial do conteúdo, reduzindo, assim, o meu salário...
Beijos.
M.

assunto: Re: Re: Certidão de autoridade?
quarta-feira, 4 de janeiro de 2017, às 12h07, Daniel
<d.kenigsberg@orange.fr> escreveu:

Meu querido,
Hoje, dia 4 de janeiro, é o aniversário do Sam,
mas ele não receberá presentes. É o início deste
mês de janeiro de merda...
Por enquanto, a nossa vida em sociedade não
encontrou outro marcador da realidade e do direito
que não seja a transação material.
Mas, se você der sequência ao meu pedido de associado
minoritário da escrita, eu reverterei totalmente os meus
dividendos à equipe em forma de vodca.
Sublinho no seu texto uma coisa com a qual não estou
de acordo: não sou a primeira testemunha.
Sou o insubstituível ator infeliz dessa história.
Antes, durante e depois do espetáculo.
Me dei conta de que perder um filho é também
uma forma de acabar uma psicanálise.
Não torna a vida muito feliz, mas permite dizer aquilo que
queremos dizer. Espero que a Norah esteja bem.
Beijos

Pai

Termo que designa a pessoa que, com mais ou menos talento, educa e protege uma criança. As habilidades necessárias para esse exercício são acessíveis a todos. A qualidade de pai se adquire com o nascimento da criança. Essa qualidade deveria desaparecer com o desaparecimento da criança?

Agradecimentos

O autor agradece a todos os espectadores delicados que nunca dirão um "É a vida" a alguém que tenha perdido um ente querido.

Faz questão de agradecer a Fanny Catel, a Daniel Kenigsberg e às respectivas famílias.

Agradece igualmente a John D'Agata e à editora Vies parallèles, de quem arrancou amplamente e por conta própria alguns trechos e conceitos; e também a Déborah Darmon, Christine Boisson, Frédéric Constant e Catherine Pietri.

Sobre a Coleção Dramaturgia Francesa

Os textos de teatro podem ser escritos de muitos modos. Podem ter estrutura mais clássica, com rubricas e diálogos, podem ter indicações apenas conceituais, podem descrever cenário e luz, ensinar sobre os personagens ou nem indicar o que é dito por quem. Os textos de teatro podem tudo.

Escritos para, a princípio, serem encenados, os textos de dramaturgia são a base de uma peça, são o seu começo. Ainda que, contraditoriamente, por vezes eles ganhem forma somente no meio do processo de ensaios ou até depois da estreia. Mas é através das palavras que surgem os primeiros conceitos quando uma ideia para o teatro começa a ser germinada. Bem, na verdade, uma peça pode surgir de um gesto, um cenário, um personagem, de uma chuva. Então o que seria o texto de uma peça? Um roteiro da encenação, um guia para os atores e diretores, uma bíblia a ser respeitada à risca na montagem? O fato é que o texto de teatro pode ser tudo isso, pode não ser nada disso e pode ser muitas outras coisas.

Ao começar as pesquisas para as primeiras publicações da Coleção Dramaturgia, na Editora Cobogó, em 2013, fui apresentada a muitos livros de muitas peças. Numa delas, na página em que se esperava ler a lista de personagens, um espanto se transformou em esclarecimento: "Este texto pode ser encenado por um ou mais atores."

Que coisa linda! Ali se esclarecia, para mim, o papel do texto dramático. Ele seria o depositório – escrito – de ideias, conceitos, formas, elementos, objetos, personagens, conversas, ritmos, luzes, silêncios, espaços, ações que deveriam ser elaborados para que um texto virasse encenação. Poderia esclarecer, indicar, ordenar ou, ainda, não dizer. A única questão necessária para que pudesse ser de fato um texto dramático era: o texto precisaria invariavelmente provocar. Provocar reflexões, provocar sons ou silêncios, provocar atores, provocar cenários, provocar movimentos e muito mais. E a quem fosse dada a tarefa de encenar, era entregue a batuta para orquestrar os dados do texto e torná-los encenação. Torná-los teatro.

Esse lugar tão vago e tão instigante, indefinível e da maior clareza, faz do texto dramático uma literatura muito singular. Sim, literatura, por isso o publicamos. Publicamos para pensar a forma do texto, a natureza do texto, o lugar do texto na peça. A partir do desejo de refletir sobre o que é da dramaturgia e o que é da peça encenada, fomos acolhendo mais e mais textos na Coleção Dramaturgia, fazendo com que ela fosse crescendo, alargando o espaço ocupado nas prateleira das livrarias, nas portas dos teatros, nas estantes de casa para um tipo de leitura com a qual se tinha pouca intimidade ou hábito no Brasil.

Desde o momento em que recebemos um texto, por vezes ainda em fase de ensaio – portanto fadado a mudanças –, até a impressão do livro, trabalhamos junto aos autores, atores, diretores e a quem mais vier a se envolver com esse processo a fim de gravarmos no livro o que aquela dramaturgia demanda, precisa, revela. Mas nosso trabalho segue com a distribuição dos livros nas livrarias, com os debates e leituras promovidos, com os encontros nos festivais de teatro e em tantos outros palcos. Para além de promover o hábito de ler teatro, queremos pensar a dramaturgia com os autores, diretores, atores, produtores e toda a gente do teatro, além de curiosos e apreciadores, e assim refletir sobre o papel do texto, da dramaturgia e seu lugar no teatro.

Ao sermos convidados por Márcia Dias, curadora e diretora do TEMPO_FESTIVAL, em 2015, para publicarmos a Coleção Dramaturgia Espanhola na Editora Cobogó, nosso projeto não apenas ganhou novo propósito, como novos espaços. Pudemos conhecer os modos de escrever teatro na Espanha, ser apresentados a novos autores e ideias, perceber os temas que estavam interessando ao teatro espanhol e apresentar tudo isso ao leitor brasileiro, o que só fortaleceu nosso desejo de divulgar e discutir a dramaturgia contemporânea. Além disso, algumas das peças foram encenadas, uma delas chegou a virar filme, todos projetos realizados no Brasil, a partir das traduções e publicações da Coleção Dramaturgia Espanhola. Desdobramentos gratificantes para textos que têm em sua origem o destino de serem encenados.

Com o convite para participarmos, mais uma vez, junto ao Núcleo dos Festivais Internacionais de Artes Cênicas, do projeto Nova Dramaturgia Francesa e Brasileira, com o apoio da La Comédie de Saint-Étienne – Centre Dramatique National, Institut Français e Embaixada da França no Brasil, reafirmamos nossa vocação de publicar e fazer chegar aos mais diversos leitores textos dramáticos de diferentes origens, temas e formatos, abrangendo e potencializando o alcance da dramaturgia e as discussões a seu respeito. A criação do selo Coleção Dramaturgia Francesa promove, assim, um intercâmbio da maior importância, que se completa com a publicação de títulos de dramaturgas e dramaturgos brasileiros – muitos deles publicados originalmente pela Cobogó – na França.

É com a maior alegria que participamos dessa celebração da dramaturgia.

Boa leitura!

Isabel Diegues
Diretora Editorial
Editora Cobogó

Intercâmbio de dramaturgias

O projeto de Internacionalização da Dramaturgia amplia meu contato com o mundo. Através dos textos me conecto com novas ideias, novos universos e conheço pessoas. Movida pelo desejo de ultrapassar fronteiras, transpor limites e tocar o outro, desenvolvo projetos que promovem cruzamentos, encontros e incentivam a criação em suas diferentes formas.

Esse projeto se inicia em 2015 com a tradução de textos espanhóis para o português. Ao ler o posfácio que escrevi para a Coleção Dramartugia Espanhola, publicada pela Editora Cobogó, constatei como já estava latente o meu desejo de ampliar o projeto e traçar o caminho inverso de difundir a dramaturgia brasileira pelo mundo. Hoje, com a concretização do projeto Nova Dramaturgia Francesa e Brasileira, estamos dando um passo importante para a promoção do diálogo entre a produção local e a internacional e, consequentemente, para o estímulo à exportação das artes cênicas brasileiras. É a expansão de territórios e a diversidade da cultura brasileira que alimenta meu desejo.

Um projeto singular por considerar desde o seu nascimento um fluxo que pertence às margens, às duas culturas. A Nova Dramaturgia Francesa e Brasileira reúne o trabalho de dramaturgos dos dois países. Imaginamos que este encontro é gerador de movimentos e experiências para além de nossas fronteiras. É como se, através desse projeto, pudéssemos criar uma ponte direta e polifônica, cruzada por muitos olhares.

Como curadora do TEMPO_FESTIVAL, viajo por eventos internacionais de artes cênicas de diferentes países, e sempre retorno com o mesmo sentimento, a mesma inquietação: o teatro brasileiro precisa ser conhecido internacionalmente. É tempo de romper as fronteiras e apresentar sua potência e, assim, despertar interesse pelo mundo. Para que isso aconteça, o Núcleo dos Festivais Internacionais de Artes Cênicas do Brasil vem se empenhando para concretizar a exportação das nossas artes cênicas, o que torna este projeto de Internacionalização da Dramaturgia cada vez mais relevante.

O projeto me inspira, me move. É uma força ativa que expande e busca outros territórios. Desenvolver o intercâmbio com a Holanda e a Argentina são nossos próximos movimentos. O espaço de interação e articulação é potencialmente transformador e pode revelar um novo sentido de fronteira: DAQUELA QUE NOS SEPARA PARA AQUELA QUE NOS UNE.

Sou muito grata ao Arnaud Meunier por possibilitar a realização do projeto, a La Comédie de Saint-Étienne – Centre Dramatique National, ao Institut Français, à Embaixada da França no Brasil, à Editora Cobogó, aos diretores do Núcleo dos Festivais Internacionais de Artes Cênicas do Brasil e à Bia Junqueira e ao César Augusto pela parceria na realização do TEMPO_FESTIVAL.

Márcia Dias
Curadora e diretora do TEMPO_FESTIVAL

Núcleo dos Festivais Internacionais de Artes Cênicas do Brasil: plataforma de contato entre o Brasil e o mundo

Em 2015, o Núcleo dos Festivais Internacionais de Artes Cênicas do Brasil lançava, junto com a Editora Cobogó, a Coleção Dramaturgia Espanhola. No texto que prefaciava os livros e contava a origem do projeto, Márcia Dias, uma das diretoras do TEMPO_FESTIVAL, se perguntava se haveria a continuidade da proposta e que desdobramentos poderiam surgir daquela primeira experiência. Após três montagens teatrais, com uma indicação para prêmio,* e a produção de um filme de longa metragem, que participou de diversos festivais,** nasce um novo desafio: a Nova Dramaturgia

---

A paz perpétua, de Juan Mayorga, direção de Aderbal Freire-Filho (2016); *O princípio de Arquimedes*, de Josep Maria Miró, direção de Daniel Dias da Silva, Rio de Janeiro (2017); *Atra Bílis*, de Laila Ripoll, direção de Hugo Rodas (2018); e a indicação na Categoria Especial do 5º Prêmio Questão de Crítica, 2016.

** *Aos teus olhos*, adaptação de *O princípio de Arquimedes*, com direção de Carolina Jabor (2018), ganhou os prêmios de Melhor Roteiro (Lucas Paraizo), Ator (Daniel de Oliveira), Ator Coadjuvante (Marco Ricca) e Melhor Longa de Ficção pelo voto popular no Festival do Rio; Prêmio Pe-

Francesa e Brasileira. Este projeto, que se inicia sob o signo do intercâmbio, dá continuidade às ações do Núcleo em favor da criação artística e internacionalização das artes cênicas. Em parceria com La Comédie de Saint-Étienne – Centre Dramatique National, Institut Français e Embaixada da França no Brasil, e, mais uma vez, com a Editora Cobogó, a Nova Dramaturgia Francesa e Brasileira prevê tradução, publicação, leitura dramática, intercâmbio e lançamento de oito textos de cada país, em eventos e salas de espetáculos da França e do Brasil.

Essa ação articulada terá duração de dois anos e envolverá todos os festivais integrantes do Núcleo. Durante o ano de 2019, os textos franceses publicados sob o selo Coleção Dramaturgia Francesa, Editora Cobogó, percorrerão quatro regiões do país, iniciando as atividades na Mostra Internacional de Teatro de São Paulo (MITsp). A partir daí, seguem para o Festival Internacional de Teatro de São José do Rio Preto (FIT Rio Preto), Cena Contemporânea – Festival Internacional de Teatro de Brasília e Festival Internacional de Londrina (FILO). Depois, as atividades se deslocam para o Recife, onde ocorre o RESIDE_FIT/PE Festival Internacional de Teatro de Pernambuco e, logo após, desembarcam no Porto Alegre em Cena – Festival Internacional de Artes Cênicas e no TEMPO_FESTIVAL – Festival Internacional de Artes Cênicas do Rio de Janeiro. A finalização do circuito acontece no Festival Internacional de Artes Cênicas da Bahia (FIAC Bahia), em Salvador.

---

trobrás de Cinema na 41ª Mostra São Paulo de Melhor Filme de Ficção Brasileiro; e os prêmios de Melhor Direção no 25º Mix Brasil; e Melhor Filme da mostra SIGNIS no 39º Festival de Havana.

Em 2020, será a vez dos autores e textos brasileiros cumprirem uma agenda de lançamentos no Théâtre National de La Colline, em Paris, no Festival Actoral, em Marselha em La Comédie de Saint-Étienne, na cidade de mesmo nome.

Confere singularidade ao projeto Nova Dramaturgia Francesa e Brasileira a ênfase no gesto artístico. A escolha de envolver diretores-dramaturgos para fazer a tradução dos textos para o português reconhece um saber da escrita do teatro que se constrói e amadurece nas salas de ensaio. Os artistas brasileiros que integram o grupo de tradutores são Alexandre Dal Farra, que traduz *J'ai pris mon père sur mes épaules*, de Fabrice Melquiot; Gabriel F., responsável por *C'est la vie*, de Mohamed El Khatib; Grace Passô que traduz *Poings*, de Pauline Peyrade; a Jezebel de Carli cabe *La brûlure*, de Hubert Colas; Marcio Abreu se debruça sobre *Pulvérisés*, de Alexandra Badea; Pedro Kosovski faz a tradução de *J'ai bien fait?*, de Pauline Sales; Quitéria Kelly e Henrique Fontes trabalham com *Où et quand nous sommes morts*, de Riad Ghami; e, finalmente, Silvero Pereira traduz *Des hommes qui tombent*, de Marion Aubert.

Outra característica do projeto é, ainda, a leitura dramatizada dos textos. Em um formato de minirresidência, artistas brasileiros, junto a cada autor francês, compartilham o processo criativo e preparam a leitura das peças. Cada um dos Festivais que integram o Núcleo apresenta o resultado desse processo e realiza o lançamento do respectivo livro. Será assim que as plateias francesas conhecerão *Amores surdos*, de Grace Passô; *Jacy*, de Henrique Fontes, Pablo Capistrano e Iracema Macedo; *Caranguejo overdrive*, de Pedro Kosovski; *Maré* e, também, *Vida*, de Marcio Abreu; *Mateus 10*, de Alexandre Dal Farra; *Br-Trans*, de Silvero Pereira;

Adaptação, de Gabriel F.; e *Ramal 340*, de Jezebel de Carli, que serão dirigidos por artistas franceses.

Essa iniciativa convida a pensar sobre o papel do Núcleo no campo das artes cênicas, sobre seu comprometimento e interesse na produção artística. Temos, ao longo dos anos, promovido ações que contribuem para a criação, difusão, formação e divulgação das artes da cena, assumindo o papel de uma plataforma dinâmica na qual se cruzam diferentes atividades.

A chegada à segunda edição do projeto poderia sugerir uma conclusão, o porto seguro das incertezas da primeira experiência. Mas, pelo contrário, renovam-se expectativas. É das inquietações que fazemos nossa nova aventura, força que nos anima.

Núcleo dos Festivais Internacionais de Artes Cênicas do Brasil

Cena Contemporânea – Festival Internacional de Teatro de Brasília

Festival Internacional de Artes Cênicas da Bahia – FIAC Bahia

Festival Internacional de Londrina – FILO

Festival Internacional de Teatro de São José do Rio Preto – FIT Rio Preto

Mostra Internacional de Teatro de São Paulo – MITsp

Porto Alegre em Cena – Festival Internacional de Artes Cênicas

RESIDE_FIT/PE – Festival Internacional de Teatro de Pernambuco

TEMPO_FESTIVAL – Festival Internacional de Artes Cênicas do Rio de Janeiro

O texto original em francês foi publicado pela editora Les Solitaires Intempestifs, em março de 2017.

C'est la vie estreou no Centro Dramático Nacional de Orléans no dia 13 de março de 2017, com direção do autor em colaboração com Fred Hocké. Com Fanny Catel e Daniel Kenigsberg nos papéis deles mesmos. Uma criação do Colectivo Zirlib, em coprodução com Festival d'Automne à Paris, Théâtre de la Ville, Paris; Bois de l'Aune, Aix-en-Provence; Théâtre Ouvert – Centre national des dramaturgies contemporaines, Paris; Centre dramatique national d'Orléans; Théâtre Liberté – Scène nationale de Toulon; Centre dramatique national de Tours – Théâtre Olympia; e Pôle Arts de la scène de la Friche la Belle de Mai, Marselha.

Este texto recebeu o apoio para a escrita do Centre National du Livre (CNL) e foi vencedor do prêmio da Commission Nationale d'Aide à la Création de Textes Dramatiques – ARTCENA.

CIP-BRASIL. CATALOGAÇÃO-NA-FONTE
SINDICATO NACIONAL DOS EDITORES DE LIVROS, RJ

K56e   Khatib, Mohamed el
      É a vida / Mohamed el Khatib ; tradução Gabriel F. - 1. ed. -
Rio de Janeiro: Cobogó, 2019.

92 p.

      Tradução de: C'est la vie
      ISBN 978-85-5591-075-3

      1. Teatro francês (Literatura). I. F., Gabriel. II. Título.

19-55336   CDD: 842
                                                CDU: 82-2(44)

Leandra Felix da Cruz - Bibliotecária - CRB-7/6135

Nesta edição, foi respeitado o Acordo Ortográfico da Língua Portuguesa de 1990, que entrou em vigor no Brasil em 2009.

Todos os direitos em língua portuguesa reservados à
Editora de Livros Cobogó Ltda.
Rua Jardim Botânico, 635/406
Rio de Janeiro — RJ — 22470-050
www.cobogo.com.br

© Editora de Livros Cobogó

Texto
Mohamed El Khatib

Tradução
Gabriel F.

Editora-chefe
Isabel Diegues

Editora
Valeska de Aguirre

Gerente de produção
Melina Bial

Revisão da tradução
Sofia Soter

Revisão
Eduardo Carneiro

Capa
Radiográfico

Projeto gráfico e diagramação
Mari Taboada

A Coleção Dramaturgia Francesa
faz parte do projeto
Nova Dramaturgia Francesa e Brasileira

Idealização
Márcia Dias

Direção artística e de produção Brasil
Márcia Dias

Direção artística França
Arnaud Meunier

Coordenação geral Brasil
Núcleo dos Festivais Internacionais
de Artes Cênicas do Brasil

Publicação dos autores
brasileiros na França
Éditions D'ores et déjà

É A VIDA, de Mohamed El Khatib
Tradução Gabriel F.

J'AI BIEN FAIT?, de Pauline Sales
Tradução Pedro Kosovski

OÙ ET QUAND NOUS SOMMES MORTS, de Riad Gahmi
Tradução Grupo Carmin

PULVÉRISÉS, de Alexandra Badea
Tradução Marcio Abreu

J'AI PRIS MON PÈRE SUR MES ÉPAULES, de Fabrice Melquiot
Tradução Alexandre Dal Farra

DES HOMMES QUI TOMBENT, de Marion Aubert
Tradução Silvero Pereira

POINGS, de Pauline Peyrade
Tradução Grace Passô

LA BRÛLURE, de Hubert Colas
Tradução Jezebel de Carli

COLEÇÃO
DRAMA-
TURGIA
FRANCESA

2019

1ª impressão

Este livro foi composto em Univers.
Impresso pelo Grupo SmartPrinter
sobre papel Bold LD 70g/m².